Inhalt

"All time high" - Ölnachfrage und Ölpreis auf Rekordhöhe

Kernthesen

Beitrag

Fallbeispiele

Zahlen und Fakten

Weiterführende Literatur

Impressum

"All time high" - Ölnachfrage und Ölpreis auf Rekordhöhe

Autor GENIOS BranchenWissen: A.Schneider

Kernthesen

- Der Ölpreis klettert auf die bisherige Rekordhöhe von 60 Dollar pro Barrel; das sind 60 Prozent mehr als vor einem Jahr.
- Prognosen zufolge werden die Erdölreserven noch maximal 50 Jahre den Weltverbrauch decken können.
- Der Rohstoffhunger Chinas ist enorm: der chinesische Ölkonzern CNOOC hat ein feindliches Übernahmeangebot für die amerikanische Ölgesellschaft Unocal abgegeben.

Beitrag

Wer hat Furcht vorm "schwarzen Gold"? Die Autofahrer fürchten die Tankstelle, denn Sprit ist so teuer wie nie. Die Amerikaner fürchten die Chinesen, denn diese haben Appetit auf ihre neuntgrößte Ölgesellschaft.

Öl so teuer wie nie

"Erdöl ist ein in Schichten der Erdkruste eingelagertes, hauptsächlich aus Kohlenwasserstoffen bestehendes, dickflüssiges, lipophiles Stoffgemisch. Es besitzt eine dunkle bis schwarze Farbe und hat einen ganz charakteristischen Geruch." (1)
Erdöl ist einer der wichtigsten Rohstoffe unserer Industriegesellschaften. Es wird zu Mineralölprodukten wie Benzin, Kerosin, Heizöl, Schmieröl verarbeitet. Es ist zum Beispiel wichtig zur Erzeugung von Elektrizität und als Treibstoff fast aller Verkehrs- und Transportmittel. Deshalb wird es auch "Schwarzes Gold" genannt.

In diesen Tagen sorgt das Öl mal wieder für reichliche Schlagzeilen. Am 24. Juni kletterte der Preis für Rohöl erstmals auf mehr als 60 Dollar pro Barrel. Das sind 60 Prozent mehr als vor einem Jahr. Doppelt

so viel wie im Januar. (2)
Wer sein Auto tankt, blickt daher nicht vergnügt zur Zapfsäule: vor Beginn der Sommerferien erreichen die Spritpreise Rekordhöhe. Superbenzin kostet im Bundesdurchschnitt etwa 1,24 Euro, knapp 16 Prozent mehr als Ende 2004. (3), (4) Autofahren und Fliegen werden teurer, Spediteure, Taxiunternehmen, Fahrschulen, Paketdienste, Chemieunternehmen alle klagen über den hohen Ölpreis und seine Folgen. Die Entführung von sechs Ölarbeitern - darunter zwei Deutsche - im Ölexportland Nigeria sorgte für Aufruhr. (5) Die norwegische Ölindustrie stand kurz vor einem Arbeitskampf. (6)

Schwache Nerven im Ölmarkt

Im Ölmarkt aktiv sind die Rohölfördergesellschaften, die Raffinerien, die Transporteure, die der Groß- und Einzelhandel, die Tankstellen bis hin zum Endverbraucher.
Das Rohöl und seine Hauptprodukte wie Benzin und Heizöl werden einerseits auf dem "physischen Markt" und andererseits auf dem "Papiermarkt" an der Börse gehandelt. Jede Nachfrage nach Rohöl beeinflusst die Preise anderer Notierungen innerhalb des Energiemarktes. Der Ölmarkt ist sehr transparent. Er ist flexibel und reagiert schnell auf Ereignisse

innerhalb (z.B. Explosion in einer Raffinerie) und außerhalb der Branche (z.B. Naturkatastrophen, Terroranschläge). (7)
Und es ist nicht verwunderlich, dass der Ölmarkt von Nervosität geprägt ist, denn

das Öl-Ende ist in Sicht

Das Ende der Welterdölreserven ist absehbar. Täglich werden fast 30 Millionen Barrel verbraucht. Man geht davon aus, dass die Erdölreserven noch maximal 50 Jahre den Weltverbrauch decken können. Experten schätzen, dass im ersten Jahrzehnt des 21. Jahrhunderts die als Ölspitze (peak oil) bekannte Spitze der Hubbert-Kurve erreicht wird, das heißt die Hälfte der Weltölvorräte verbraucht sind. Deshalb wird von den meisten Experten mit einem Fördermaximum zwischen 2010 und 2020 gerechnet. Ab diesem Zeitpunkt wird Erdöl immer knapper und teurer werden, weil dann der Erdölbedarf größer sein wird als die Erdölfördermenge. (8), (9)
Die Marktteilnehmer sind also in Sorge, dass die hohe Nachfrage nicht durch ein ausreichend hohes Angebot sei es an Rohöl oder an seinen Fertigprodukten gedeckt werden kann. In den vergangenen 20 Monaten stiegen die Produktpreise schneller als die Rohstoffpreise. Dies gilt als ein Anzeichen dafür, dass es ein Defizit in der

Produktversorgung gibt. Betrifft dieses Defizit z.B. den Benzinmarkt, führt dieses i.d.R. zu rasch ansteigenden Benzinpreisen. (7)

Preistreiber im Ölgeschäft

Wichtigster Preistreiber im Ölgeschäft ist die weltweit steigende Nachfrage nach Rohöl und seinen Produkten. Im vergangenen Jahr wurden weltweit 2,7 Prozent mehr Öl nachgefragt. Das Institut für Weltwirtschaft in Kiel prognostiziert für 2005 immer noch ein Plus von bis zu 2 Prozent. (2)
Treiber der Absatzentwicklung sind vor allem die Emerging Markets wie Indien und Südostasien. Deutschland übrigens gehört zu den Ländern mit sinkendem Verbrauch. (10)
Weitere Faktoren, die den Ölpreis beeinflussen, sind die Förder-, Raffinerie- und Transportkapazitäten. Und diese sind derzeit eher knapp.
Die Rohölpreisentwicklung bietet durchaus Anreize, zu investieren und neue Ölfelder zu erschließen (z.B. in der kaspischen Region, in Angola und in Mexiko). Die bestehenden Raffineriekapazitäten sind derzeit weltweit weitgehend ausgelastet. Beispiel Deutschland: Hohe Kosten und niedrige Margen führten in den 1980er Jahren dazu, dass in Deutschland viele Raffinerien geschlossen werden

mussten. Die Transportkapazitäten gingen in den letzten Jahrzehnten ebenfalls zurück, da veraltete Schiffstonnage nicht voll ersetzt wurde. (7)

China hungert nach dem "schwarzen Gold"

Chinas Wirtschaft wächst jährlich um etwa 9 Prozent. Wachsender Wohlstand, steigende Mobilität brauchen Energie. Innerhalb der vergangenen vier Jahre hat sich der Ölbedarf um 400 Prozent gesteigert. Er beträgt heute 300 Millionen Tonnen jährlich und steigt bis zum Jahr 2020 auf 550 Millionen Tonnen. Das Wachstum bereitet China große Probleme. Die eigenen Ölquellen zu erschließen kommt kurzfristig zu teuer, da sie ab von den Industriezentren in schwer zugänglichen Gebieten liegen. Die Kohle, die etwa 70 Prozent Chinas Energieverbrauchs abdeckt, hat relativ schlechte Qualität. Der geplante Bau von 32 Atomkraftwerken dauert voraussichtlich bis zum Jahr 2020 und kann daher kurzfristig die Lücke nicht schließen. Es bleibt also nur der Erdölimport. (11) In den letzten zehn Jahren ist China vom Ölexporteur zum -importeur geworden und ist heute - nach den Vereinigten Staaten - der zweitgrößte Verbraucher von Erdöl auf der Welt.
Investitionen in Milliardenhöhe fließen in

Ölförderung, Pipelines und Tankanlagen. Um seinen Hunger nach Öl zu sättigen geht China strategisch wohlgeplant und gut vorbereitet auf Einkaufstour außerhalb der eigenen Grenzen um die Welt bis nach Alaska, Burma und sogar in die USA. In den vergangenen Tagen hat der drittgrößte chinesische Ölkonzern CNOOC ein feindliches Übernahmeangebot für die neuntgrößte amerikanische Ölgesellschaft Unocal abgegeben. (12), (13), (14)

Ökonomische Folgen des Ölpreisbooms

Der hohe Ölpreis in Kombination mit dem schwächeren Euro trübt nach Einschätzung der Ökonomen die Konjunkturchancen im zweiten Halbjahr und erhöht das Inflationsrisiko in der EU. (2) Und sogar die Vereinigten Arabischen Emirate haben Sorgen! Sie fürchten, dass der Ölboom ihre Wirtschaft überhitzt und zur Inflationsbeschleunigung führt. (15)
Sektoren wie die Luftfahrt, Autohersteller, Tourismus, Chemie, die verarbeitende Industrie und auch der Einzelhandel schlagen Alarm. (16)
Wer profitiert? Die Erdölförderer natürlich. Die Aktienkurse großer Erdölgesellschaften haben

deutlich an Wert zugelegt. (17) Und die Aktienbesitzer: mit dem Ölpreis ist in den vergangenen beiden Jahren auch der Dax geklettert. (9) Und die Hedgefonds, die in New York an der Warenterminbörse Nymex auf eine Wende in der Ölpreisentwicklung spekulieren. (18)

"All time high" für Ölnachfrage und Ölpreis

Was bringt die Zukunft?
Die Nachfrage dürfte anhaltend hoch bleiben. Dafür spricht die Industrialisierung von China, anderen Schwellenländern Südostasiens und Indiens. "Basierend auf den Annahmen des IWF zum Wachstum der Weltwirtschaft und eines langfristigen Ölpreises von 34 $ pro Barrel (in Preisen von 2003) wird von einem 68-prozentigen Anstieg der Gesamtölnachfrage ausgegangen - von 82,4 Millionen Barrel pro Tag 2004 auf 138,5 Millionen 2030. Die einkommensstarken Länder tragen zum Anstieg voraussichtlich nur 25 Prozent bei." (12)
Der Preis dürfte "all time high" bleiben. Hinzukommt: neue Rohölvorkommen werden vorwiegend in politisch «unsicheren» Regionen entdeckt, was den Preis mit einem Risikoaufschlag versehen wird. (16)

Ausblick

Werden die westlichen Konsumgesellschaften es rechtzeitig lernen, mit der Ressource Öl und natürlich nicht nur mit dieser verantwortungsvoll umzugehen? Werden sie dem Beispiel Norwegens folgen und an die Zukunft denken?
Werden die erheblichen Potentiale der erneuerbaren Energien Wasserkraft, Windenergie, Sonnenenergie, Biomasse und Geothermie konsequent erschlossen?
Wird die Autoindustrie ihre Abhängigkeit von fossilen Energien reduzieren? Dafür spricht der aktuelle Trend zu Biodiesel. Sein Absatz in Deutschland erreichte 2004 mit 1,2 Millionen Tonnen einen Höchststand. Die Nachfrage stieg damit im Vergleich zum Vorjahr um 45 Prozent. (19)

Fallbeispiele

- Norwegen

ist der weltweit drittgrößte Ölexporteur und erwirtschaftet jährlich Ölgewinne und

Investmentrenditen von rund 30 Milliarden Euro. Die Norweger sparen für ihre Zukunft: Seit 1990 fließen 94 Prozent der Einnahmen aus den staatlich kontrollierten Öl- und Gassektoren in einen Ölfonds, in dem sich bereits 127 Milliarden Euro angesammelt haben. Dieses Geld darf nur im Ausland, nicht aber in Norwegen ausgegeben werden. (20)

- Autofahrer

klagen mit dem Beginn der Ferienzeit über hohe Benzinpreise und reagieren mit Konsumzurückhaltung. (21)

- Spediteure, Taxiunternehmen und Fahrschulen

klagen über finanzielle Probleme und fürchten sogar Insolvenzen. (22)

- Paketdienst Fedex

transportiert seine Waren per LKW und per Flugzeug

um den Globus. Das teure Öl treibt die Kerosinkosten nach oben. Das Unternehmen berichtete, dass wegen der hohen Energiekosten immer mehr Kunden ihr Verhalten ändern und auf günstigere Möglichkeiten ausweichen, ihre Pakete zu verschicken. (23)

- Luftfahrt- und Chemieunternehmen

sind vom Rohstoff Öl besonders abhängig. Ticketpreisen drohen Treibstoffaufschläge, Chemieunternehmen geben die Kosten über höhere Absatzpreise an die Kunden weiter. (24)

Zahlen & Fakten

Weltmarktpreise ausgewählter Rohölsorten 1973 2004*

Monat/Jahr	Großbritannien Brent**	West Texas Intermediate	OPEC Basket***	UAE Dubai****
1973	n.a.	n.a.	n.a.	2,83
1974	n.a.	n.a.	n.a.	10,41
1975	n.a.	n.a.	n.a.	10,70
1976	12,80	12,23	n.a.	11,63
1977	13,92	14,22	n.a.	12,38
1978	14,02	14,55	n.a.	13,03
1979	31,61	25,08	n.a.	29,75
1980	36,83	37,96	36,15	35,80
1981	35,93	36,08	34,88	33,78
1982	32,97	33,65	32,38	31,04
1983	29,55	30,30	29,04	28,18
1984	28,66	29,39	28,20	27,52
1985	27,51	27,99	27,01	26,49
1986	14,38	15,04	13,53	12,96
1987	18,42	19,19	17,73	16,93
1988	14,96	15,97	14,24	13,18
1989	18,20	19,68	17,31	15,64
1990	23,81	24,50	22,26	20,38
1991	20,05	21,54	18,62	16,56
1992	19,37	20,57	18,43	17,21
1993	17,07	18,45	16,32	14,90
1994	15,98	17,21	15,52	14,76
1995	17,18	18,42	16,86	16,09
1996	20,80	22,16	20,23	18,56
1997	19,30	20,61	18,75	18,13
1998	13,11	14,39	12,28	12,16
1999	18,25	19,31	17,47	17,30
2000	28,98	30,37	27,60	26,24
2001	24,77	25,93	23,14	22,80
2002	25,19	26,16	24,32	23,85
2003	28,70	31,06	28,10	26,79
2004	38,27	41,43	36,04	33,64
01/05	44,23	46,86	40,24	37,92
02/05	45,37	47,94	41,68	39,87
03/05	52,91	54,33	49,07	45,84

in $/barrel (ein barrel = 159 Liter = 0,136 Tonnen)

* bis 1985 überwiegend Listenpreise; ab 1986 Spot-Notierungen

** bis 1984 Notierungen für Forties

*** Durchschnittswerte ausgewählter OPEC-Rohöle

**** bis 1979 Notierungen für Arabian Light

Quellen: OPEC Bulletin, Petroleum Intelligence Weekly (PIW), Angaben von Mitgliedsfirmen

Entnommen aus: Mineralölwirtschaftsverband e.V. (MWV), Mineralölzahlen 2004, S. 54, http://www.mwv.de/Download/mz.pdf

Mineralölverbrauch je Einwohner in der EU und anderen ausgewählten Ländern 2004

Land	2004*
Belgien	2078
Dänemark	1416
Deutschland	1371
Estland	601
Finnland	1808
Frankreich	1485
Griechenland	1539
Großbritannien	1269
Irland	2070
Italien	1475
Lettland	519
Litauen	523
Luxemburg	6316
Malta	2250
Niederland	1662
Österreich	1585
Polen	525
Portugal	1372
Slovak. Republik	556
Slovenien	1101
Schweden	1491
Spanien	1615
Tschechische Republik	933
Ungarn	587
Zypern	3310
Europäische Union	**1343**
nachrichtlich:	
Norwegen	1996
Schweiz	1586
USA	**2931**
Japan	**1779**

* vorläufig, in Kilogramm

Quellen: OECD/IEA; EUROSTAT; Angaben von Mitgliedsfirmen

Entnommen aus: Mineralölwirtschaftsverband e.V. (MWV), Mineralölzahlen 2004, S. 54, http://www.mwv.de/Download/mz.pdf

Weiterführende Literatur

(1) Entnommen aus www.wikipedia.de
aus Handelsblatt Nr. 087 vom 07.05.07 Seite 8

(2) Der hohe Ölpreis bedroht das Wirtschaftswachstum
aus Frankfurter Allgemeine Zeitung, 25.06.2005, Nr. 145, S. 11

(3) Autofahren so teuer wie noch nie
aus Süddeutsche Zeitung, 25.06.2005, Ausgabe Deutschland, S. 1

(4) Nur eine Wegmarke
aus Frankfurter Allgemeine Zeitung, 25.06.2005, Nr. 145, S. 11

(5) Geiseln in Nigeria freigelassen
aus Süddeutsche Zeitung, 20.06.2005, Ausgabe Deutschland, S. 7

(6) Norwegen verhandelt mit Rußland über die Barentssee
aus Frankfurter Allgemeine Zeitung, 23.06.2005, Nr. 143, S. 11

(7) Mineralölwirtschaftsverband e.V. (Hrsg.), Preisbildung am Rohölmarkt, Vortrag von Egbert

Ludorf, Berlin, 9. März 2005
aus Frankfurter Allgemeine Zeitung, 23.06.2005, Nr. 143, S. 11

(8) entnommen aus www.wikipedia.de
aus Frankfurter Allgemeine Zeitung, 23.06.2005, Nr. 143, S. 11

(9) Der Ölpreis befindet sich eindeutig im Aufwärtstrend
aus Frankfurter Allgemeine Zeitung, 24.06.2005, Nr. 144, S. 22

(10) Ölverbrauch sinkt in Deutschland
aus Frankfurter Allgemeine Zeitung, 23.06.2005, Nr. 143, S. 12

(11) China sucht immer aggressiver nach Öl und Gas
aus Frankfurter Allgemeine Zeitung, 24.06.2005, Nr. 144, S. 14

(12) Das aufregende Öl-Spiel Die Energienachfrage wird weiter rasant wachsen. Gut möglich, dass wir vor einem Zeitalter hoher Preise stehen. Sinnvoll wäre es auf jeden Fall, Alternativen zu fördern
aus Financial Times Deutschland vom 24.06.2005, Seite 27

(13) Energiehunger
aus Financial Times Deutschland vom 08.06.2005, Seite 3

(14) CNOOC zögert Gebot für Unocal hinaus

Experten unterstellen chinesischem Ölkonzern taktische Motive · Australisches Gasfeld des Konkurrenten Chevron im Visier
aus Financial Times Deutschland vom 23.06.2005, Seite 10

(15) Emirate fürchten Inflation durch Rohstoffboom Notenbankgouverneur will Reservesatz erhöhen
aus Financial Times Deutschland vom 21.06.2005, Seite 18

(16) Ein Ölpreis über 60$ pro Fass tut nicht jedem weh
aus Finanz und Wirtschaft, Seite 2

(17) Wandelanleihen Öltitel kaufen
aus Finanz und Wirtschaft, Seite 10

(18) Hedgefonds wetten auf sinkenden Ölpreis
aus Der Spiegel, 13.06.2005, Nr. 24, Seite 70

(19) Kraftstoff Absatz von Biodiesel schnellt in die Höhe
aus Frankfurter Rundschau v. 23.06.2005, S.12, Ausgabe: S Stadt

(20) Die Last des Füllhorns
aus Süddeutsche Zeitung, 25.06.2005, Ausgabe Deutschland, S. 11

(21) O.V., Ölfirmen sehen sich in einem Preiskampf - Hohe Benzinkosten schrecken Autofahrer, Wiesbadener Kurier vom 24.06.2005
aus Süddeutsche Zeitung, 25.06.2005, Ausgabe

Deutschland, S. 11

(22) Benzin wird jeden Tag teurer Spediteure, Taxiunternehmen und Fahrschulen klagen bereits über finanzielle Probleme / Insolvenzen befürchtet
aus Frankfurter Rundschau v. 24.06.2005, S.22

(23) Paketdienst Fedex leidet unter hohem Ölpreis Kunden des Zustellers wechseln zu günstigeren Versandarten
aus Financial Times Deutschland vom 24.06.2005, Seite 6

(24) In der Luftfahrt spitzt sich das Kostenproblem zu
aus Frankfurter Allgemeine Zeitung, 21.06.2005, Nr. 141, S. 16

Impressum

"All time high" - Ölnachfrage und Ölpreis auf Rekordhöhe

Bibliografische Information der deutschen Nationalbibliothek

Die Deutsche Nationalbibliothek verzeichnet diese Publikation in der deutschen Nationalbibliografie; detaillierte bibliografische Daten sind im Internet über http://dnb.d-nb.de abrufbar.

ISBN: 978-3-7379-2316-3

© 2015 GBI-Genios Deutsche Wirtschaftsdatenbank GmbH, Freischützstraße 96, 81927 München, www.genios.de

Alle Rechte vorbehalten. Dieses Werk ist einschließlich aller seiner Teile – z.B. Texte, Tabellen und Grafiken - urheberrechtlich geschützt. Jede Verwertung außerhalb der Grenzen des Urheberrechtsgesetzes bedarf der vorherigen Zustimmung des Verlags. Dies gilt insbesondere auch für auszugsweise Nachdrucke, fotomechanische Vervielfältigungen (Fotokopie/Mikroskopie), Übersetzungen, Auswertungen durch Datenbanken oder ähnliche Einrichtungen und die Einspeicherung und Verarbeitung in elektronischen Systemen.